U0925119

顾问委员会

主　任：韩启德

委　员：刘嘉麒　周忠和　张　藜　于　青　刘海栖
海　飞　王志庚

编委会

主　任：徐延豪

副主任：郭　哲　张　藜　任福君

委　员：（按姓氏笔画排序）

王　英　毛红强　尹晓冬　石　磊　孙小淳
李星玉　李清霞　杨志宏　吴　晨　吴天骄
吴唯佳　张晓彤　武廷海　罗兴波　孟令耘
袁　海　高文静　郭　璐　蔡琳骏

主编

任福君

副主编

杨志宏　石　磊

“共和国脊梁”科学家绘本丛书

乘风破浪的男孩

张炳炎的故事

任福君 主编

刘阳 著 刘颖爽 周倩 绘

北京出版集团
北京出版社

前言

回首近代的中国，积贫积弱，战火不断，民生凋敝。今天的中国，繁荣昌盛，国泰民安，欣欣向荣。当我们在享受如今的太平盛世时，不应忘记那些曾为祖国奉献了毕生心血的中国科学家。他们对民族复兴的使命担当、对科技创新的执着追求，标刻了民族精神的时代高度，书写了科学精神的永恒意义。他们爱国报国、敬业奉献、无私无畏、追求真理、不怕失败，为祖国科学事业的繁荣昌盛，默默地、无私地奉献着，是当之无愧的共和国脊梁，应被我们铭记。

孩子是祖国的未来，更是新时代的接班人。今天，我们更应为孩子们多树立优秀榜样，中国科学家就是其中之一。向孩子们讲述中国科学家的故事，弘扬其百折不挠、勇于创新的精神，是我们打造“‘共和国脊梁’科学家绘本丛书”的初衷，也是对中国科学家的致敬。

丛书依托于“老科学家学术成长资料采集工程”（以下简称“采集工程”）。这项规模宏大的工程启动于2010年，由中国科协联合中组部、教育部、科技部、工信部、财政部、原文化部、中国科学院、中国工程院等11个单位实施，目前已采集了500多位中国科学家的学术成长资料，积累了一大批实物和研究成果，被誉为“共和国科技史的活档案”。“采集工程”在社会上产生了广泛影响，但成果受众多为中学生及成人。

为了丰富“采集工程”成果的展现形式，并为年龄更小的孩子们提供优质的精神食粮，“采集工程”学术团队与北京出版集团共同策划了本套丛书。丛书由多位中国科学院院士、科学家家属、科学史研究者、绘本研究者等组成顾问委员会、编委会和审稿专家团队，共同为图书质量把关。丛书主要由“采集工程”学术团队的学者担任文字作者，并由新锐青年插画师绘图。2017年9月启动“‘共和国脊梁’科学家绘本丛书”创作工程，精心打磨，倾注了多方人员的大量心血。

丛书通过绘本这种生动有趣的形式，向孩子们展示中国科学家的风采。根据“采集工程”积累的大量资料，如照片、手稿、音视频、研究报告等，我们在尊重科学史实的基础上，用简单易懂的文字、精美的绘画，讲述中国科学家的探索故事。每一本都有其特色，极具原创性。

丛书出版后，获得科学家家属、科学史研究者、绘本研究者等专业人士的高度认可，得到社会各界的高度好评，并获得多个奖项。

丛书选取了不同领域的多位中国科学家。他们是中国科学家的典型代表，对中国现代科学发展贡献巨大，他们的故事应当广泛流传。

“‘共和国脊梁’科学家绘本丛书”的出版对“采集工程”而言，是一次大胆而有益的尝试。如何用更好的方式讲述中国科学家故事、弘扬科学家精神，是我们一直在思考的问题。希望孩子们能从书中汲取些许养分，也希望家长、老师们能多向孩子们讲述科学家故事，传递科学家精神。

“‘共和国脊梁’科学家绘本丛书”编委会

致读者朋友

亲爱的读者朋友，很高兴你能翻开这套讲述中国科学家故事的绘本丛书。这些科学家为中国科学事业的繁荣昌盛做出了巨大贡献，是我们所有人的榜样，更是我们人生的指路明灯。

讲述科学家的故事并不容易，尤其是涉及专业词汇，这会使故事读起来有一些难度。在阅读过程中，我们有以下3点建议希望能为你提供帮助：

1.为了让阅读过程更顺畅，我们对一些比较难懂的词汇进行了说明，可以按照注释序号翻至“词汇园地”查看。如果有些词汇仍然不好理解，小朋友可以向大朋友请教。

2.在正文后附有科学家小传和年谱，以帮助你更好地认识每一位科学家，了解其个人经历与科学贡献，还可以把它们当作线索，进一步查找更多相关资料。

3.每本书的封底附有两个二维码。一个二维码是绘本的音频故事，扫码即可收听有声故事；另一个二维码是中国科学家博物馆的链接。中国科学家博物馆是专门以科学家为主题的博物馆，收藏着大量中国科学家的相关资料，希望这些丰富的资料能拓宽你的视野，让你感受到中国科学家的风采。

抗日战争期间，华北平原有一支来无影、去无踪的游击队[①]。
在队伍中，有一个不到10岁的小男孩儿，
他不撒娇，也不喊累。

新来的游击队员问他是谁，他总会大声回答：
“我叫张炳炎，我的老家在山东庆云县，
我爹是八路军，在前方打仗，我也要保卫祖国！”

张炳炎年纪虽小，

但执行任务却一点也不含糊，

站岗放哨、贴标语、送信函……他样样都会。

他也从不挑食，吃的和大人一样，

煮绿豆、小米糠[2]拌红枣……

粗糙的食物把张炳炎的嗓子拉得生疼，

吃后连大便都拉不出来……

张炳炎就在这样艰苦的环境里，跟随队伍出生入死。

因为战争，张炳炎没有稳定上学的机会。

虽然母亲的文化水平不高，

但母亲总是抽时间教张炳炎识字。

稍有条件，母亲便会送他去上学，
虽然有时没有课本，
也不能按部就班地学习，
但根据地里的学校，却是张炳炎最爱去的地方。

有时，张炳炎也想和村子里的小孩子们一起捉鱼、爬树、玩泥巴，
可他常常刚到一个地方没几天，就又要转移。
饥饿、逃难、战争……给他的童年留下了深深印记，
但是，这也让他逐渐成长为一个天不怕、地不怕的孩子。
没有父亲的陪伴，没有玩伴，没有玩具，
他就自己玩儿，还能玩儿出新花样！
撬弹壳帽，拆手枪、手榴弹……
成了他童年最好的“游戏”。

就这样，

张炳炎学习着，奔波着，战斗着……

1949年，新中国成立了！

对于15岁的张炳炎来说，还有个好消息等着他，

他终于见到了分别10年的父亲。

记忆中那个牙牙学语的孩童，如今已经长成少年，

父亲悲喜交加，自豪地带着他去见老战友们。

叔叔们语重心长地说：

“孩子，我们把天下打下来了，但我们是大老粗，建设新中国要靠你们，你要好好学技术啊。”

听着这些话，张炳炎也有了新目标——学技术，建设新中国！

可是，到底要学什么呢？

1953年，张炳炎准备随父母从武汉乘船到重庆，
可在武汉等了一个多星期，一家人仍没买到船票。
张炳炎后来才知道，
武汉与重庆之间的长江河道狭窄弯曲，
河床落差大，江水流速快，要求船的动力强劲。

可国内当时没有能力自主造船，
用的还是新中国成立前进口的老客船，
船只数量少，运输能力严重不足。
了解到这些情况，面对着滚滚的长江水，张炳炎陷入了沉思：
我能为造船做些什么吗？

从此，每天一放学，张炳炎总是一头扎进图书馆。
他沉浸在书海中，心中全是关于船的构想，
一艘艘船在这里乘风破浪，驶向远方……
在去苏联留学前，张炳炎毫不犹豫地把3个志愿都填上了“造船”。
最终，他如愿以偿，
来到苏联列宁格勒造船学院学习。

1960年，张炳炎学成归国，造船的壮志像潮水般随他一起涌向祖国，
可现实像无情的堤坝，把张炳炎挡住了。
那几年，
经济落后、工业薄弱的中国，拿不出钱来造船。
但张炳炎的理想没有就此搁浅，
他默默地做船舶研究工作，特别是研究船的抗风力。

争到底

从小在内陆平原长大的张炳炎，
虽然遇到过让人寸步难行的8级风，
但能把大树连根拔起的10级风，他根本没有见过。
而海上航行的船，要面对的大风超过12级！
这种移动速度每秒32米以上的大风，叫作台风，
是航海最大的威胁之一。
“我一定要提高船的抗风力！”

研究、勘察、实践，张炳炎不放过造船的每一个细节。
1969年，张炳炎终于等到了机会，
接到科学考察船[3]——“向阳红五号”的研发任务。
他多年来的所学、所思，迎来了第一次考验！

"一股强劲台风将横过我船航线，3天后将与'向阳红五号'交锋！"
气象预报员紧急报告。
如果是其他渔船，对台风肯定避犹不及，
但这则预报却让船长陷入了矛盾：
是保证航行安全，还是测量台风数据？
这数据意义重大，能帮助沿海地区提早预报台风，减少灾难。
全船笼罩在焦灼的气氛中，船员们的心提到了嗓子眼。

"追！"船长发出了指令。
他选择相信船的设计师，相信船能带他们挑战不可能！
经过一整夜的"搏斗"，"向阳红五号"科学地从台风的左半圆[4]擦过台风眼[5]，
获得了世界上第一份"追台风"数据。
成功了！张炳炎一直研究的抗风力终于得到了验证！

电磁干扰和通信实验问题
科学考察

为了船员们的信任，为了儿时的梦想，为了让中国船在大洋上劈风斩浪，
张炳炎又投入新的设计工作中：
设计一艘万吨级远洋科学考察船——“向阳红10”号。
要保证近百间实验室、近万台仪器在航行的船上正常工作，
船必须得更稳定。
要停放直升机等“大家伙”，船上得有能减震的机库。
而且这么多仪器、设备，发生信号干扰怎么办？
解决这些问题没有任何能参考的船型和材料，一切都要从头开始，
张炳炎和同事们没日没夜地画图、计算、讨论……

画图的时候，除了船什么都看不见。

计算的时候，除了船什么都听不见。

不画图的时候，脑子里想的也是船。

不计算的时候，脑子里想的还是船。

几年后，“向阳红10”号终于驶离图纸，驶进港湾。
作为这艘船的总设计师，张炳炎随船试航。

“设计一艘船，特别是一艘科学考察船，
需要经常深入考察最前线，观测科学数据，体验工作环境，
带着对自然的敬畏，这样才能设计出满足需求的船。”
每每说起舰船设计，张炳炎那飞扬的神情，就像船头飞溅起的浪花。
他一次次穿梭在40摄氏度高温的甲板上，
气氛紧张的机房和实验室里，
闷热嘈杂的机舱中……
指挥试验试航，解决技术问题。

不久，天边出现了一个亮点，

一个酝酿了10年的任务，一个中华民族等待了许久的时刻，终于到来了！

1980年5月18日，一支由18艘舰船组成的远航队伍，
在太平洋上画下了震惊世界的中国印记。
这中间，就有“向阳红10”号和“向阳红五号”的身影，
它们正在迎接一份来自9000千米外祖国的珍贵礼物——
中国首枚远程运载火箭。
张炳炎和船员们都目不转睛地盯着那个亮点，
这亮点穿越千山万水，准确落入了预定海域。
试验圆满成功！18艘舰船，汽笛长鸣，欢声雷动！
这次航行，不仅是中国迄今为止最大规模的远洋军事行动，
也开启了中华民族征战星辰大海的新篇章。

风还在吹，张炳炎没有停下自己的脚步。
57岁时，他乘“极地”号[6]去南极，
71岁时，他乘“中国海监83”号[7]试航，
77岁时，他乘“海洋六号”[8]去南海。
张炳炎陪伴一艘又一艘船，
穿越一个又一个的晴天、雨天、黑夜、清晨……

送它们起航、返航。

张炳炎小传

从小游击队员到造船大师，张炳炎院士有着传奇的人生。严酷的游击生活造就了他独立、自信、好奇的性格，坎坷充实的造船经历沉淀了他大胆、认真、求实的工作作风。

张炳炎曾在《我的理想》一文中写道："将来，我造的轮船和军舰要乘风破浪航行在广阔无垠的海洋上，遨游世界，让中国有强大的海防。"正是怀着这样的信念和理想，当张炳炎留学归国后，近半个世纪都投身于舰船研究设计工作中，用自己的一生谱写了乘风破浪的精彩故事。

当问及张炳炎对设计的哪型船更情有独钟时，他毫不犹豫地回答是"向阳红10"号。它是中国自行设计制造的第一艘万吨级远洋科学考察船。这艘注入了张炳炎无数青春岁月的科学考察船，不负众望地参加了我国首次向太平洋海域发射远程运载火箭试验和通信卫星发射试验的任务，因集海洋调查船、气象船和通信船三种不同类型的专用船功能于一体，一度被国外媒体称为"怪物船"。不但如此，这艘船还承担了中国科考队赴南极考察的任务，让中国人第一次驾驶自己设计建造的船舶奔赴南极，开创了历史。

1991年11月至1992年4月，中国第八次南极考察期间，张炳炎乘坐“极地”号考察船前往南极考察。张炳炎和同事们顶着狂风巨浪，克服晕船、呕吐等不良反应，坚持全航程在南极海冰区中开展各项科学调研工作。在那个冰山林立、险象环生的白色世界，冰块不时地冲击、挤压船体，发出“咯吱咯吱”刺耳的声响，甲板上又冷又滑，但张炳炎毫不畏惧，多次往返于船头船尾，观察浮冰对船体的撞击情况。为了获取撞击瞬间的宝贵资料，他冒着生命危险将身体倾向船舷，拍摄了一组组珍贵的照片。这些素材为改造我国远洋科学考察船提供了大量科学数据。当考察告一段落、开始返航时，身陷病痛折磨的张炳炎本可以直接乘坐飞机回国，但为了在船上观测整个南极大洋的洋流走向，他坚持选择乘船返程，有人劝他早些返回，他坚定地回答：“如果出现危险，即使牺牲了也是为了科学而献身，是值得的。”

除了本书主要讲述的“向阳红10”号，张炳炎参与和主持研究设计的船舶还有50余型，都值得我们记住：中国第一艘全电力推进船“中国海监83”号，世界上第一艘天然气水合物综合调查船“海洋六号”，还有综合海洋实习调查船、“813”型远洋电子技术侦察船、训练医院船、52000吨浮式生产储油船、“雪龙号”破冰船……这些船型均结构复杂，非常考验设计方和建造方的技术水平，但在张炳炎的主持下，这些船型的设计建造最终都取得了圆满成功。

就在你阅读这本书的同时，数不清的船，正在祖国上万千米的海岸线离岸、抵岸，体验各自非同寻常的旅程。数不清的人，像张炳炎一样跋涉一生，聚成一支支队伍，奋斗在造船的岗位上。

船，成为人拥抱海洋的支点；祖国，成为造船人永远的灯塔。

张炳炎年谱

1

1934 年

出生于山东省庆云县。

3

1943 年（9 岁）

就读于山东抗日根据地地方小学。

5

1952—1954 年（18~20 岁）

就读于重庆市第一中学（高中）、北京俄语专科学校留苏预备班。

7

1960—1965 年（26~31 岁）

回国后，在上海船舶产品设计院任技术员。

9

1967—1970 年（33~36 岁）

参加“718”工程⑨测量船方案的总体设计工作，将“长宁”号远洋货船改装成“向阳红五号”远洋综合调查船。

11

1979 年（45 岁）

任“813”型远洋电子技术侦察船总设计师。

2

1939 年（5 岁）

随母亲在山东根据地进行抗日活动。

4

1947—1950 年（13~16 岁）

因配合父母工作调动，先后就读于山东、河南、重庆的初中。

6

1955—1960 年（21~26 岁）

就读于苏联列宁格勒造船学院。

8

1965—1967 年（31~33 岁）

作为监造师在法国大西洋船厂监造“耀华”号远洋客货船。

10

1971—1979 年（37~45 岁）

设计万吨级的远洋科学考察船“向阳红10”号。

12

1980 年（46 岁）

随“向阳红10”号远洋科学考察船试航，并完成“580”任务⑩，负责全船技术安全问题。

13

1982 年春
（48 岁）

承接我国第一艘出口船“700箱（12800吨）格栅式全集装箱船”的研究设计任务，任总设计师。

14

1984 年
（50 岁）

“向阳红10”号远洋科学考察船从上海港起航，开始了中国人首次南极科学考察。此船是中国第一艘自行设计并制造的远洋科学考察船。

15

1985 年
（51 岁）

“向阳红10”号远洋科学考察船获国家科技进步特等奖。

16

1991—1992 年
（57~58 岁）

乘坐“极地”号考察船亲赴南极考察。

17

1992 年
（58 岁）

赴乌克兰完成“雪龙号”破冰船的技术监造、验收和购买工作。

18

1995 年
（61 岁）

当选为中国工程院院士。

19

2000 年
（66 岁）

作为研发者和总设计师，主持设计建造我国第一艘现代化全电力推进型全天候多功能船“中国海监83”号。

20

2003 年
（69 岁）

任天然气水合物综合调查船——“海洋六号”总设计师，该船是世界上第一艘综合地质地球物理调查船。

21

2012 年
（78 岁）

因病在上海逝世。

词汇园地

①**游击队：**在敌人的统治区或占领区、接敌区，采取分散、流动的形式，以袭击的作战方法为主打击敌人。其作战精髓是敌进我退，敌驻我扰，敌疲我打，敌退我追。

②**小米糠：**小米的外壳，现主要被用来作为饲料喂养动物。

③**科学考察船：**指用于完成调查研究海洋水文、地质、气象、生物等特殊任务的船舶。

④**台风的左半圆：**以台风的行进路径为界，顺着台风行进方向，台风可分为左半圆和右半圆。航海者认为右半圆比左半圆危险性更大。

⑤**台风眼：**台风内气压最低、无云或少云、静风或微风的核心区域，四周为大范围云墙。外形呈圆形、椭圆形、卵形和不规则形状。圆形台风眼平均直径一般为30~65千米，最大达200千米，最小仅3千米。

⑥**“极地”号：**我国的极地考察船，是专门在南北极海域进行海洋调查和考察的专业海洋调查船。

⑦**“中国海监83”号：**迄今为止我国自行设计、建造的吨位最大、设计最先进的大型中远程多功能海洋监察船。张炳炎任该船总设计师。

⑧**“海洋六号”：**我国自行设计、建造的综合地质地球物理调查船，集地震、地质调查等多项调查功能于一体。张炳炎任该船总设计师。

⑨**“718”工程：**为发展我国测量船、护航舰艇等一系列配套舰船的一套方案，该工程提高了我国海军的远航作战能力。

⑩**“580”任务：**指我国海军护航编队执行“东风5”号洲际弹道导弹的发射试验测量，打捞回收和护航任务。

参考资料：

1. 张毅等 . 用生命谱写蓝色梦想：张炳炎传 [M]. 上海交通大学出版社，中国科学技术出版社，2016.

2. 徐志良 . 绝密航程：中国东出太平洋试射洲际导弹纪实 [M]. 海洋出版社，2010.

图书在版编目（CIP）数据

乘风破浪的男孩 ：张炳炎的故事 / 任福君主编 ；
刘阳著 ；刘颖爽，周倩绘. — 北京 ：北京出版社，
2023.3（2025.4 重印）
（“共和国脊梁”科学家绘本丛书）
ISBN 978-7-200-17231-7

Ⅰ. ①乘… Ⅱ. ①任… ②刘… ③刘… ④周… Ⅲ.
①张炳炎－传记－少儿读物 Ⅳ. ①K826.16-49

中国版本图书馆CIP数据核字(2022)第121864号

选题策划　李清霞　袁　海
项目负责　刘　迁
责任编辑　李文珂
装帧设计　耿　雯
责任印制　刘文豪
封面设计　黄明科
宣传营销　郑　龙　王　岩　安天训　孙一博
　　　　　郭　慧　马婷婷　胡　俊

“共和国脊梁”科学家绘本丛书
乘风破浪的男孩
张炳炎的故事
CHENGFENG-POLANG DE NANHAI

任福君　主编
刘　阳　著　刘颖爽　周　倩　绘

出　　版：北京出版集团
　　　　　北 京 出 版 社
地　　址：北京北三环中路6号
邮　　编：100120
网　　址：www.bph.com.cn
总 发 行：北京出版集团
经　　销：新华书店
印　　刷：北京博海升彩色印刷有限公司
版 印 次：2023年3月第1版　2025年4月第6次印刷
成品尺寸：215毫米×280毫米
印　　张：2.75
字　　数：30千字
书　　号：ISBN 978-7-200-17231-7
定　　价：25.00元

如有印装质量问题，由本社负责调换
质量监督电话：010-58572393
责任编辑电话：010-58572417
团 购 热 线：17701385675
　　　　　　　18610320208

声明：为了较为真实地展现科学家生活的时代特征，部分页面有繁体字，特此说明。